Recipe: _____

MW00973663

Cook Time: _____   Servings: _____

Ingredients

_____
_____
_____
_____
_____
_____
_____
_____
_____
_____
_____
_____
_____
_____
_____
_____
_____

Directions

_____
_____
_____
_____
_____
_____
_____
_____
_____
_____
_____
_____
_____
_____
_____
_____
_____

Notes:

_____
_____
_____
_____
_____

Recipe: _____

Cook Time: _____   Servings: _____

Ingredients

_____
_____
_____
_____
_____
_____
_____
_____
_____
_____
_____
_____
_____
_____
_____
_____

Directions

_____
_____
_____
_____
_____
_____
_____
_____
_____
_____
_____
_____
_____
_____
_____
_____

Notes:

_____
_____
_____
_____

Recipe: _____

Cook Time: _____   Servings: _____

Ingredients

_____
_____
_____
_____
_____
_____
_____
_____
_____
_____
_____
_____
_____
_____
_____
_____
_____

Directions

_____
_____
_____
_____
_____
_____
_____
_____
_____
_____
_____
_____
_____
_____
_____
_____
_____

Notes:

_____
_____
_____
_____

Recipe: _____

Cook Time: _____   Servings: _____

Ingredients

_____
_____
_____
_____
_____
_____
_____
_____
_____
_____
_____
_____
_____
_____
_____
_____

Directions

_____
_____
_____
_____
_____
_____
_____
_____
_____
_____
_____
_____
_____
_____
_____
_____

Notes:

_____
_____
_____
_____

Recipe: _____

Cook Time: _____   Servings: _____

Ingredients

_____
_____
_____
_____
_____
_____
_____
_____
_____
_____
_____
_____
_____
_____
_____
_____

Directions

_____
_____
_____
_____
_____
_____
_____
_____
_____
_____
_____
_____
_____
_____
_____
_____

Notes:

_____
_____
_____
_____

Recipe:

Cook Time: _____   **Servings:** _____

Ingredients

_____
_____
_____
_____
_____
_____
_____
_____
_____
_____
_____
_____
_____
_____
_____
_____

Directions

_____
_____
_____
_____
_____
_____
_____
_____
_____
_____
_____
_____
_____
_____
_____
_____

Notes:

_____
_____
_____
_____

Recipe: _____

Cook Time: _____   Servings: _____

Ingredients

_____
_____
_____
_____
_____
_____
_____
_____
_____
_____
_____
_____
_____
_____
_____
_____
_____

Directions

_____
_____
_____
_____
_____
_____
_____
_____
_____
_____
_____
_____
_____
_____
_____
_____
_____

Notes:

_____
_____
_____
_____

Recipe: _____

Cook Time: _____   Servings: _____

Ingredients

_____
_____
_____
_____
_____
_____
_____
_____
_____
_____
_____
_____
_____
_____
_____
_____
_____

Directions

_____
_____
_____
_____
_____
_____
_____
_____
_____
_____
_____
_____
_____
_____
_____
_____
_____

Notes:

_____
_____
_____
_____

Recipe: _____

Cook Time: _____   **Servings:** _____

Ingredients

_____
_____
_____
_____
_____
_____
_____
_____
_____
_____
_____
_____
_____
_____
_____
_____
_____
_____
_____

Directions

_____
_____
_____
_____
_____
_____
_____
_____
_____
_____
_____
_____
_____
_____
_____
_____
_____
_____
_____

Notes:

_____
_____
_____
_____
_____

Recipe: _____

Cook Time: _____   Servings: _____

Ingredients

_____
_____
_____
_____
_____
_____
_____
_____
_____
_____
_____
_____
_____
_____
_____

Directions

_____
_____
_____
_____
_____
_____
_____
_____
_____
_____
_____
_____
_____
_____
_____

Notes:

_____
_____
_____
_____

Recipe:

Cook Time: _____   Servings: _____

Ingredients

_____
_____
_____
_____
_____
_____
_____
_____
_____
_____
_____
_____
_____
_____
_____
_____
_____
_____
_____

Directions

_____
_____
_____
_____
_____
_____
_____
_____
_____
_____
_____
_____
_____
_____
_____
_____
_____

Notes:

_____
_____
_____
_____
_____

Recipe:

Cook Time: _____   Servings: _____

Ingredients

_____
_____
_____
_____
_____
_____
_____
_____
_____
_____
_____
_____
_____
_____
_____
_____

Directions

_____
_____
_____
_____
_____
_____
_____
_____
_____
_____
_____
_____
_____
_____
_____
_____

Notes:

_____
_____
_____
_____
_____

Recipe: _____

Cook Time: _____   Servings: _____

Ingredients

_____
_____
_____
_____
_____
_____
_____
_____
_____
_____
_____
_____
_____
_____
_____
_____
_____

Directions

_____
_____
_____
_____
_____
_____
_____
_____
_____
_____
_____
_____
_____
_____
_____
_____
_____

Notes:

_____
_____
_____
_____

Recipe: _____

Cook Time: _____ **Servings:** _____

Ingredients

_____
_____
_____
_____
_____
_____
_____
_____
_____
_____
_____
_____
_____
_____
_____
_____
_____

Directions

_____
_____
_____
_____
_____
_____
_____
_____
_____
_____
_____
_____
_____
_____
_____
_____
_____

Notes:

_____
_____
_____
_____
_____

Recipe: _____

Cook Time: _____   Servings: _____

Ingredients

_____
_____
_____
_____
_____
_____
_____
_____
_____
_____
_____
_____
_____
_____
_____
_____

Directions

_____
_____
_____
_____
_____
_____
_____
_____
_____
_____
_____
_____
_____
_____
_____
_____

Notes:

_____
_____
_____
_____

Recipe: _____

Cook Time: _____   Servings: _____

Ingredients

_____
_____
_____
_____
_____
_____
_____
_____
_____
_____
_____
_____
_____
_____
_____
_____

Directions

_____
_____
_____
_____
_____
_____
_____
_____
_____
_____
_____
_____
_____
_____
_____
_____

Notes:

_____
_____
_____
_____
_____

Recipe: _____

Cook Time: _____ Servings: _____

Ingredients

_____
_____
_____
_____
_____
_____
_____
_____
_____
_____
_____
_____
_____
_____
_____
_____
_____
_____

Directions

_____
_____
_____
_____
_____
_____
_____
_____
_____
_____
_____
_____
_____
_____
_____
_____
_____
_____

Notes:

_____
_____
_____
_____

Recipe: _____

Cook Time: _____   Servings: _____

Ingredients

_____
_____
_____
_____
_____
_____
_____
_____
_____
_____
_____
_____
_____
_____
_____
_____

Directions

_____
_____
_____
_____
_____
_____
_____
_____
_____
_____
_____
_____
_____
_____
_____
_____

Notes:

_____
_____
_____
_____

Recipe: _____

Cook Time: _____ Servings: _____

Ingredients

_____
_____
_____
_____
_____
_____
_____
_____
_____
_____
_____
_____
_____
_____
_____
_____

Directions

_____
_____
_____
_____
_____
_____
_____
_____
_____
_____
_____
_____
_____
_____
_____
_____

Notes:

_____
_____
_____
_____
_____

Recipe: _____

Cook Time: _____   **Servings:** _____

Ingredients

_____
_____
_____
_____
_____
_____
_____
_____
_____
_____
_____
_____
_____
_____
_____

Directions

_____
_____
_____
_____
_____
_____
_____
_____
_____
_____
_____
_____
_____
_____
_____

Notes:

_____
_____
_____
_____

Recipe: _____

Cook Time: _____   Servings: _____

Ingredients

_____
_____
_____
_____
_____
_____
_____
_____
_____
_____
_____
_____
_____
_____
_____
_____
_____
_____

Directions

_____
_____
_____
_____
_____
_____
_____
_____
_____
_____
_____
_____
_____
_____
_____
_____
_____
_____

Notes:

_____
_____
_____
_____

Recipe: _____

Cook Time: _____   Servings: _____

Ingredients

_____
_____
_____
_____
_____
_____
_____
_____
_____
_____
_____
_____
_____
_____
_____
_____
_____

Directions

_____
_____
_____
_____
_____
_____
_____
_____
_____
_____
_____
_____
_____
_____
_____
_____
_____

Notes:

_____
_____
_____
_____

Recipe: _____

Cook Time: _____   Servings: _____

Ingredients

_____
_____
_____
_____
_____
_____
_____
_____
_____
_____
_____
_____
_____
_____
_____

Directions

_____
_____
_____
_____
_____
_____
_____
_____
_____
_____
_____
_____
_____
_____
_____

Notes:

_____
_____
_____
_____

Recipe: _____

Cook Time: _____   Servings: _____

Ingredients

_____
_____
_____
_____
_____
_____
_____
_____
_____
_____
_____
_____
_____
_____
_____
_____
_____

Directions

_____
_____
_____
_____
_____
_____
_____
_____
_____
_____
_____
_____
_____
_____
_____
_____
_____

Notes:

_____
_____
_____
_____

Recipe: _____

Cook Time: _____   Servings: _____

Ingredients

_____
_____
_____
_____
_____
_____
_____
_____
_____
_____
_____
_____
_____
_____
_____
_____

Directions

_____
_____
_____
_____
_____
_____
_____
_____
_____
_____
_____
_____
_____
_____
_____
_____

Notes:

_____
_____
_____
_____

Recipe: _____

Cook Time: _____   Servings: _____

Ingredients

_____
_____
_____
_____
_____
_____
_____
_____
_____
_____
_____
_____
_____
_____
_____
_____

Directions

_____
_____
_____
_____
_____
_____
_____
_____
_____
_____
_____
_____
_____
_____
_____
_____

Notes:

_____
_____
_____
_____

Recipe:

Cook Time: _____   **Servings:** _____

Ingredients

_____
_____
_____
_____
_____
_____
_____
_____
_____
_____
_____
_____
_____
_____
_____
_____
_____
_____
_____
_____

Directions

_____
_____
_____
_____
_____
_____
_____
_____
_____
_____
_____
_____
_____
_____
_____

Notes:

_____
_____
_____
_____
_____

Recipe: _____

Cook Time: _____   Servings: _____

Ingredients

_____
_____
_____
_____
_____
_____
_____
_____
_____
_____
_____
_____
_____
_____
_____

Directions

_____
_____
_____
_____
_____
_____
_____
_____
_____
_____
_____
_____
_____
_____

Notes:

_____
_____
_____
_____
_____

Recipe: _____

Cook Time: _____ **Servings:** _____

Ingredients

_____
_____
_____
_____
_____
_____
_____
_____
_____
_____
_____
_____
_____
_____
_____
_____
_____

Directions

_____
_____
_____
_____
_____
_____
_____
_____
_____
_____
_____
_____
_____
_____
_____
_____
_____

Notes:

_____
_____
_____
_____

Recipe: _____

Cook Time: _____   Servings: _____

Ingredients

_____
_____
_____
_____
_____
_____
_____
_____
_____
_____
_____
_____
_____
_____
_____

Directions

_____
_____
_____
_____
_____
_____
_____
_____
_____
_____
_____
_____
_____
_____
_____

Notes:

_____
_____
_____
_____
_____

Recipe: _____

Cook Time: _____ Servings: _____

Ingredients

_____
_____
_____
_____
_____
_____
_____
_____
_____
_____
_____
_____
_____
_____
_____
_____
_____
_____

Directions

_____
_____
_____
_____
_____
_____
_____
_____
_____
_____
_____
_____
_____

Notes:

_____
_____
_____
_____
_____

Recipe: _____

Cook Time: _____   Servings: _____

Ingredients

_____
_____
_____
_____
_____
_____
_____
_____
_____
_____
_____
_____
_____
_____
_____
_____

Directions

_____
_____
_____
_____
_____
_____
_____
_____
_____
_____
_____
_____
_____
_____
_____
_____

Notes:

_____
_____
_____
_____

Recipe:

Cook Time: _____   Servings: _____

Ingredients

_____
_____
_____
_____
_____
_____
_____
_____
_____
_____
_____
_____
_____
_____
_____
_____

Directions

_____
_____
_____
_____
_____
_____
_____
_____
_____
_____
_____
_____
_____
_____
_____
_____

Notes:

_____
_____
_____
_____

Recipe: _____

Cook Time: _____   Servings: _____

Ingredients

_____
_____
_____
_____
_____
_____
_____
_____
_____
_____
_____
_____
_____
_____
_____
_____

Directions

_____
_____
_____
_____
_____
_____
_____
_____
_____
_____
_____
_____
_____
_____
_____
_____

Notes:

_____
_____
_____
_____

Recipe:

Cook Time: _____   Servings: _____

Ingredients

_____
_____
_____
_____
_____
_____
_____
_____
_____
_____
_____
_____
_____
_____
_____
_____
_____

Directions

_____
_____
_____
_____
_____
_____
_____
_____
_____
_____
_____
_____
_____
_____
_____
_____
_____

Notes:

_____
_____
_____
_____

Recipe:

Cook Time: _____ **Servings:** _____

Ingredients

_____
_____
_____
_____
_____
_____
_____
_____
_____
_____
_____
_____
_____
_____
_____
_____

Directions

_____
_____
_____
_____
_____
_____
_____
_____
_____
_____
_____
_____
_____
_____
_____
_____

Notes:
_____
_____
_____
_____

Recipe: _____

Cook Time: _____   Servings: _____

Ingredients

_____
_____
_____
_____
_____
_____
_____
_____
_____
_____
_____
_____
_____
_____
_____
_____
_____

Directions

_____
_____
_____
_____
_____
_____
_____
_____
_____
_____
_____
_____
_____
_____
_____
_____
_____

Notes:

_____
_____
_____
_____
_____

Recipe:

Cook Time: _____ Servings: _____

Ingredients

_____
_____
_____
_____
_____
_____
_____
_____
_____
_____
_____
_____
_____
_____
_____
_____

Directions

_____
_____
_____
_____
_____
_____
_____
_____
_____
_____
_____
_____
_____
_____
_____
_____

Notes:

_____
_____
_____
_____
_____

Recipe: _____

Cook Time: _____   Servings: _____

Ingredients

_____
_____
_____
_____
_____
_____
_____
_____
_____
_____
_____
_____
_____
_____
_____
_____

Directions

_____
_____
_____
_____
_____
_____
_____
_____
_____
_____
_____
_____
_____
_____
_____
_____

Notes:

_____
_____
_____
_____

Recipe: _____

Cook Time: _____   Servings: _____

Ingredients

_____
_____
_____
_____
_____
_____
_____
_____
_____
_____
_____
_____
_____
_____
_____
_____

Directions

_____
_____
_____
_____
_____
_____
_____
_____
_____
_____
_____
_____
_____
_____
_____
_____

Notes:

_____
_____
_____
_____

Recipe: _____

Cook Time: _____   Servings: _____

Ingredients

_____
_____
_____
_____
_____
_____
_____
_____
_____
_____
_____
_____
_____
_____
_____
_____
_____
_____

Directions

_____
_____
_____
_____
_____
_____
_____
_____
_____
_____
_____
_____
_____
_____
_____
_____
_____
_____

Notes:

_____
_____
_____
_____

Recipe: _____

Cook Time: _____   Servings: _____

Ingredients

_____
_____
_____
_____
_____
_____
_____
_____
_____
_____
_____
_____
_____
_____
_____
_____

Directions

_____
_____
_____
_____
_____
_____
_____
_____
_____
_____
_____
_____
_____
_____
_____
_____

Notes:

_____
_____
_____
_____

Recipe: _____

Cook Time: _____   Servings: _____

Ingredients

_____
_____
_____
_____
_____
_____
_____
_____
_____
_____
_____
_____
_____
_____
_____
_____
_____

Directions

_____
_____
_____
_____
_____
_____
_____
_____
_____
_____
_____
_____
_____
_____
_____
_____
_____

Notes:

_____
_____
_____
_____

Recipe: _____

Cook Time: _____   Servings: _____

Ingredients

_____
_____
_____
_____
_____
_____
_____
_____
_____
_____
_____
_____
_____
_____

Directions

_____
_____
_____
_____
_____
_____
_____
_____
_____
_____
_____
_____
_____
_____

Notes:

_____
_____
_____
_____
_____

Recipe: _____

Cook Time: _____   Servings: _____

Ingredients

_____
_____
_____
_____
_____
_____
_____
_____
_____
_____
_____
_____
_____
_____
_____
_____
_____
_____

Directions

_____
_____
_____
_____
_____
_____
_____
_____
_____
_____
_____
_____
_____
_____
_____
_____

Notes:

_____
_____
_____
_____

Recipe: _____

Cook Time: _____   Servings: _____

Ingredients

_____
_____
_____
_____
_____
_____
_____
_____
_____
_____
_____
_____
_____
_____
_____

Directions

_____
_____
_____
_____
_____
_____
_____
_____
_____
_____
_____
_____
_____
_____
_____

Notes:

_____
_____
_____
_____
_____

Recipe: _____

Cook Time: _____   Servings: _____

Ingredients

_____
_____
_____
_____
_____
_____
_____
_____
_____
_____
_____
_____
_____
_____
_____
_____
_____
_____

Directions

_____
_____
_____
_____
_____
_____
_____
_____
_____
_____
_____
_____
_____
_____
_____
_____
_____
_____

Notes:

_____
_____
_____
_____

Recipe:

Cook Time: _____   Servings: _____

Ingredients

Directions

Notes:

Recipe: _____

Cook Time: _____   Servings: _____

Ingredients

_____
_____
_____
_____
_____
_____
_____
_____
_____
_____
_____
_____
_____
_____
_____
_____
_____
_____
_____

Directions

_____
_____
_____
_____
_____
_____
_____
_____
_____
_____
_____
_____
_____
_____
_____
_____
_____
_____

Notes:

_____
_____
_____
_____
_____

Recipe: _____

Cook Time: _____   Servings: _____

Ingredients

_____
_____
_____
_____
_____
_____
_____
_____
_____
_____
_____
_____
_____
_____
_____
_____

Directions

_____
_____
_____
_____
_____
_____
_____
_____
_____
_____
_____
_____
_____
_____
_____
_____

Notes:

_____
_____
_____
_____

Recipe: _____

Cook Time: _____   Servings: _____

Ingredients

_____
_____
_____
_____
_____
_____
_____
_____
_____
_____
_____
_____
_____
_____
_____
_____
_____
_____

Directions

_____
_____
_____
_____
_____
_____
_____
_____
_____
_____
_____
_____
_____
_____
_____
_____
_____
_____

Notes:

_____
_____
_____
_____

Recipe: _____

Cook Time: _____   **Servings:** _____

Ingredients

_____
_____
_____
_____
_____
_____
_____
_____
_____
_____
_____
_____
_____
_____
_____
_____

Directions

_____
_____
_____
_____
_____
_____
_____
_____
_____
_____
_____
_____
_____
_____
_____
_____

Notes:

_____
_____
_____
_____
_____

Recipe:

Cook Time: _____   **Servings:** _____

Ingredients

_____
_____
_____
_____
_____
_____
_____
_____
_____
_____
_____
_____
_____
_____
_____
_____
_____

Directions

_____
_____
_____
_____
_____
_____
_____
_____
_____
_____
_____
_____
_____
_____
_____
_____

Notes: _____
_____
_____
_____

Recipe: _____

Cook Time: _____   **Servings:** _____

Ingredients

_____
_____
_____
_____
_____
_____
_____
_____
_____
_____
_____
_____
_____
_____
_____
_____

Directions

_____
_____
_____
_____
_____
_____
_____
_____
_____
_____
_____
_____
_____
_____
_____
_____

Notes:

_____
_____
_____
_____

Recipe: _____

Cook Time: _____   **Servings:** _____

Ingredients

_____
_____
_____
_____
_____
_____
_____
_____
_____
_____
_____
_____
_____
_____
_____
_____
_____
_____
_____
_____
_____
_____

Directions

_____
_____
_____
_____
_____
_____
_____
_____
_____
_____
_____
_____
_____
_____
_____
_____
_____
_____
_____
_____
_____
_____

Notes:

_____
_____
_____
_____
_____

Recipe: _____

Cook Time: _____   Servings: _____

Ingredients

_____
_____
_____
_____
_____
_____
_____
_____
_____
_____
_____
_____
_____
_____
_____
_____

Directions

_____
_____
_____
_____
_____
_____
_____
_____
_____
_____
_____
_____
_____
_____
_____
_____

Notes:

_____
_____
_____
_____

Recipe: _____

Cook Time: _____   Servings: _____

Ingredients

_____
_____
_____
_____
_____
_____
_____
_____
_____
_____
_____
_____
_____
_____
_____
_____

Directions

_____
_____
_____
_____
_____
_____
_____
_____
_____
_____
_____
_____
_____
_____
_____
_____

Notes:

_____
_____
_____
_____

Recipe: _____

Cook Time: _____   **Servings:** _____

Ingredients

_____
_____
_____
_____
_____
_____
_____
_____
_____
_____
_____
_____
_____
_____
_____

Directions

_____
_____
_____
_____
_____
_____
_____
_____
_____
_____
_____
_____
_____
_____
_____

Notes:

_____
_____
_____
_____

Recipe: _____

Cook Time: _____   Servings: _____

Ingredients

_____
_____
_____
_____
_____
_____
_____
_____
_____
_____
_____
_____
_____
_____
_____
_____
_____

Directions

_____
_____
_____
_____
_____
_____
_____
_____
_____
_____
_____
_____
_____
_____
_____
_____
_____

Notes:

_____
_____
_____
_____

Recipe: _____

Cook Time: _____   **Servings:** _____

Ingredients

_____
_____
_____
_____
_____
_____
_____
_____
_____
_____
_____
_____
_____
_____
_____

Directions

_____
_____
_____
_____
_____
_____
_____
_____
_____
_____
_____
_____
_____
_____
_____

Notes:

_____
_____
_____
_____
_____

Recipe: _____

Cook Time: _____   Servings: _____

Ingredients

_____
_____
_____
_____
_____
_____
_____
_____
_____
_____
_____
_____
_____
_____
_____
_____
_____

Directions

_____
_____
_____
_____
_____
_____
_____
_____
_____
_____
_____
_____
_____
_____
_____
_____
_____

Notes:

_____
_____
_____
_____

Recipe: _____

Cook Time: _____ Servings: _____

Ingredients

_____
_____
_____
_____
_____
_____
_____
_____
_____
_____
_____
_____
_____
_____
_____
_____
_____

Directions

_____
_____
_____
_____
_____
_____
_____
_____
_____
_____
_____
_____
_____
_____
_____
_____
_____

Notes:

_____
_____
_____
_____

Recipe: _____

Cook Time: _____   Servings: _____

Ingredients

Directions

Notes:

Recipe: _____

Cook Time: _____   **Servings:** _____

Ingredients

_____
_____
_____
_____
_____
_____
_____
_____
_____
_____
_____
_____
_____
_____
_____
_____

Directions

_____
_____
_____
_____
_____
_____
_____
_____
_____
_____
_____
_____
_____
_____
_____
_____

Notes:

_____
_____
_____
_____

Recipe: _____

Cook Time: _____   Servings: _____

Ingredients

_____
_____
_____
_____
_____
_____
_____
_____
_____
_____
_____
_____
_____
_____
_____
_____
_____

Directions

_____
_____
_____
_____
_____
_____
_____
_____
_____
_____
_____
_____
_____
_____
_____
_____
_____

Notes:

_____
_____
_____
_____

Recipe: _____

Cook Time: _____ **Servings:** _____

Ingredients

_____
_____
_____
_____
_____
_____
_____
_____
_____
_____
_____
_____
_____
_____
_____
_____

Directions

_____
_____
_____
_____
_____
_____
_____
_____
_____
_____
_____
_____
_____
_____
_____
_____

Notes:

_____
_____
_____
_____

Recipe: _____

Cook Time: _____   Servings: _____

Ingredients

_____
_____
_____
_____
_____
_____
_____
_____
_____
_____
_____
_____
_____
_____
_____
_____

Directions

_____
_____
_____
_____
_____
_____
_____
_____
_____
_____
_____
_____
_____
_____
_____

Notes:

_____
_____
_____
_____

Recipe: _____

Cook Time: _____   Servings: _____

Ingredients

_____
_____
_____
_____
_____
_____
_____
_____
_____
_____
_____
_____
_____
_____
_____
_____

Directions

_____
_____
_____
_____
_____
_____
_____
_____
_____
_____
_____
_____
_____
_____
_____
_____

Notes:

_____
_____
_____
_____

Recipe: _____

Cook Time: _____   Servings: _____

Ingredients

_____
_____
_____
_____
_____
_____
_____
_____
_____
_____
_____
_____
_____
_____
_____

Directions

_____
_____
_____
_____
_____
_____
_____
_____
_____
_____
_____
_____
_____
_____
_____

Notes:

_____
_____
_____
_____

Recipe: _____

Cook Time: _____ Servings: _____

Ingredients

_____
_____
_____
_____
_____
_____
_____
_____
_____
_____
_____
_____
_____
_____
_____
_____
_____

Directions

_____
_____
_____
_____
_____
_____
_____
_____
_____
_____
_____
_____
_____
_____
_____
_____
_____

Notes:

_____
_____
_____
_____

Recipe:

Cook Time: _____   Servings: _____

Ingredients

_____
_____
_____
_____
_____
_____
_____
_____
_____
_____
_____
_____
_____
_____
_____
_____

Directions

_____
_____
_____
_____
_____
_____
_____
_____
_____
_____
_____
_____
_____
_____
_____

Notes:

_____
_____
_____
_____

Recipe:

Cook Time: _____   Servings: _____

Ingredients

_____
_____
_____
_____
_____
_____
_____
_____
_____
_____
_____
_____
_____
_____
_____

Directions

_____
_____
_____
_____
_____
_____
_____
_____
_____
_____
_____
_____
_____
_____
_____

Notes:

_____
_____
_____
_____

Recipe: _____

Cook Time: _____   Servings: _____

Ingredients

_____
_____
_____
_____
_____
_____
_____
_____
_____
_____
_____
_____
_____
_____
_____
_____
_____
_____
_____
_____
_____

Directions

_____
_____
_____
_____
_____
_____
_____
_____
_____
_____
_____
_____
_____
_____
_____
_____
_____
_____

Notes:
_____
_____
_____
_____
_____
_____

Recipe: _____

Cook Time: _____   **Servings:** _____

Ingredients

_____
_____
_____
_____
_____
_____
_____
_____
_____
_____
_____
_____
_____
_____
_____
_____
_____
_____
_____

Directions

_____
_____
_____
_____
_____
_____
_____
_____
_____
_____
_____
_____
_____
_____
_____
_____
_____
_____
_____

Notes:

_____
_____
_____
_____
_____

Recipe: _____

Cook Time: _____ **Servings:** _____

Ingredients

_____
_____
_____
_____
_____
_____
_____
_____
_____
_____
_____
_____
_____
_____
_____

Directions

_____
_____
_____
_____
_____
_____
_____
_____
_____
_____
_____
_____
_____
_____
_____

Notes:

_____
_____
_____
_____

Recipe: _____

Cook Time: _____   Servings: _____

Ingredients

_____
_____
_____
_____
_____
_____
_____
_____
_____
_____
_____
_____
_____
_____
_____

Directions

_____
_____
_____
_____
_____
_____
_____
_____
_____
_____
_____
_____
_____
_____
_____

Notes:

_____
_____
_____
_____

Recipe:

Cook Time: _____   Servings: _____

Ingredients

_____
_____
_____
_____
_____
_____
_____
_____
_____
_____
_____
_____
_____
_____
_____
_____
_____
_____
_____
_____
_____
_____

Directions

_____
_____
_____
_____
_____
_____
_____
_____
_____
_____
_____
_____
_____
_____
_____
_____
_____
_____
_____
_____

Notes:

_____
_____
_____
_____

Recipe: _____

Cook Time: _____   Servings: _____

Ingredients

_____
_____
_____
_____
_____
_____
_____
_____
_____
_____
_____
_____
_____
_____
_____
_____

Directions

_____
_____
_____
_____
_____
_____
_____
_____
_____
_____
_____
_____
_____
_____
_____
_____

Notes:

_____
_____
_____
_____

Recipe: _____

Cook Time: _____   Servings: _____

Ingredients

_____
_____
_____
_____
_____
_____
_____
_____
_____
_____
_____
_____
_____
_____
_____
_____

Directions

_____
_____
_____
_____
_____
_____
_____
_____
_____
_____
_____
_____
_____
_____
_____
_____

Notes:

_____
_____
_____
_____

Recipe:

Cook Time: _____   **Servings:** _____

Ingredients

_____
_____
_____
_____
_____
_____
_____
_____
_____
_____
_____
_____
_____
_____
_____
_____

Directions

_____
_____
_____
_____
_____
_____
_____
_____
_____
_____
_____
_____
_____
_____
_____
_____

Notes:

_____
_____
_____
_____

Recipe:

Cook Time: _____   **Servings:** _____

Ingredients

Directions

Notes:

Recipe:

Cook Time: _____   **Servings:** _____

Ingredients

_____
_____
_____
_____
_____
_____
_____
_____
_____
_____
_____
_____
_____
_____
_____

Directions

_____
_____
_____
_____
_____
_____
_____
_____
_____
_____
_____
_____
_____
_____
_____

Notes:

_____
_____
_____
_____

Recipe:

Cook Time: _____   Servings: _____

Ingredients

_____
_____
_____
_____
_____
_____
_____
_____
_____
_____
_____
_____
_____
_____
_____
_____
_____
_____

Directions

_____
_____
_____
_____
_____
_____
_____
_____
_____
_____
_____
_____
_____
_____
_____
_____

Notes:

_____
_____
_____
_____

Recipe:

Cook Time: _____ **Servings:** _____

Ingredients

_____
_____
_____
_____
_____
_____
_____
_____
_____
_____
_____
_____
_____
_____
_____
_____

Directions

_____
_____
_____
_____
_____
_____
_____
_____
_____
_____
_____
_____
_____
_____
_____
_____

Notes:

_____
_____
_____
_____

Recipe: _____

Cook Time: _____   Servings: _____

Ingredients

_____
_____
_____
_____
_____
_____
_____
_____
_____
_____
_____
_____
_____
_____
_____
_____
_____
_____
_____
_____
_____

Directions

_____
_____
_____
_____
_____
_____
_____
_____
_____
_____
_____
_____
_____
_____
_____
_____
_____
_____

Notes:

_____
_____
_____
_____
_____

Recipe: _____

Cook Time: _____   Servings: _____

Ingredients

_____
_____
_____
_____
_____
_____
_____
_____
_____
_____
_____
_____
_____
_____
_____
_____
_____

Directions

_____
_____
_____
_____
_____
_____
_____
_____
_____
_____
_____
_____
_____
_____
_____
_____
_____

Notes:

_____
_____
_____
_____

Recipe: _____

Cook Time: _____   Servings: _____

Ingredients

_____
_____
_____
_____
_____
_____
_____
_____
_____
_____
_____
_____
_____
_____
_____
_____
_____

Directions

_____
_____
_____
_____
_____
_____
_____
_____
_____
_____
_____
_____
_____
_____
_____
_____
_____

Notes:

_____
_____
_____
_____

Recipe: _____

Cook Time: _____   Servings: _____

Ingredients

_____
_____
_____
_____
_____
_____
_____
_____
_____
_____
_____
_____
_____
_____
_____
_____

Directions

_____
_____
_____
_____
_____
_____
_____
_____
_____
_____
_____
_____
_____
_____
_____
_____

Notes:

_____
_____
_____
_____
_____

Recipe: _____

Cook Time: _____   Servings: _____

Ingredients

_____
_____
_____
_____
_____
_____
_____
_____
_____
_____
_____
_____
_____
_____
_____
_____

Directions

_____
_____
_____
_____
_____
_____
_____
_____
_____
_____
_____
_____
_____
_____
_____
_____

Notes:

_____
_____
_____
_____

Recipe: _____

Cook Time: _____ **Servings:** _____

Ingredients

_____
_____
_____
_____
_____
_____
_____
_____
_____
_____
_____
_____
_____
_____
_____
_____
_____

Directions

_____
_____
_____
_____
_____
_____
_____
_____
_____
_____
_____
_____
_____
_____
_____
_____
_____

Notes:

_____
_____
_____
_____
_____

Recipe: _____

Cook Time: _____ Servings: _____

Ingredients

_____
_____
_____
_____
_____
_____
_____
_____
_____
_____
_____
_____
_____
_____
_____
_____
_____
_____

Directions

_____
_____
_____
_____
_____
_____
_____
_____
_____
_____
_____
_____
_____
_____
_____
_____
_____

Notes:

_____
_____
_____
_____
_____

Recipe:

Cook Time: _____   **Servings:** _____

Ingredients

_____
_____
_____
_____
_____
_____
_____
_____
_____
_____
_____
_____
_____
_____
_____
_____

Directions

_____
_____
_____
_____
_____
_____
_____
_____
_____
_____
_____
_____
_____
_____
_____
_____

Notes:

_____
_____
_____
_____

Recipe: _____

Cook Time: _____   Servings: _____

Ingredients

_____
_____
_____
_____
_____
_____
_____
_____
_____
_____
_____
_____
_____
_____
_____
_____
_____

Directions

_____
_____
_____
_____
_____
_____
_____
_____
_____
_____
_____
_____
_____
_____
_____
_____
_____

Notes:

_____
_____
_____
_____

Recipe:

Cook Time: _____   Servings: _____

Ingredients

_____
_____
_____
_____
_____
_____
_____
_____
_____
_____
_____
_____
_____
_____
_____
_____

Directions

_____
_____
_____
_____
_____
_____
_____
_____
_____
_____
_____
_____
_____
_____
_____
_____

Notes:

_____
_____
_____
_____
_____

Recipe: _____

Cook Time: _____   Servings: _____

Ingredients

_____
_____
_____
_____
_____
_____
_____
_____
_____
_____
_____
_____
_____
_____
_____
_____

Directions

_____
_____
_____
_____
_____
_____
_____
_____
_____
_____
_____
_____
_____
_____
_____
_____

Notes:

_____
_____
_____
_____

Recipe: _____

Cook Time: _____   Servings: _____

Ingredients

_____
_____
_____
_____
_____
_____
_____
_____
_____
_____
_____
_____
_____
_____
_____
_____

Directions

_____
_____
_____
_____
_____
_____
_____
_____
_____
_____
_____
_____
_____
_____
_____
_____

Notes:

_____
_____
_____
_____

Recipe: _____

Cook Time: _____   Servings: _____

Ingredients

_____
_____
_____
_____
_____
_____
_____
_____
_____
_____
_____
_____
_____
_____
_____
_____

Directions

_____
_____
_____
_____
_____
_____
_____
_____
_____
_____
_____
_____
_____
_____
_____
_____

Notes: _____

_____
_____
_____
_____

73281790R00055

Made in the USA
Columbia, SC
03 September 2019